Inhalt

Möglichkeiten der strategischen Neuausrichtung durch Integrierte Versorgung

Kernthesen

Beitrag

Fallbeispiele

Weiterführende Literatur

Impressum

Möglichkeiten der strategischen Neuausrichtung durch Integrierte Versorgung

M.Sydow

Kernthesen

- Das neue Gesundheitsmodernisierungsgesetz (GMG) eröffnet den Leistungserbringern im Gesundheitssektor interessante Gestaltungsmöglichkeiten. (3), (15), (16)
- So werden künftig strategische Neuorganisationen wie integrierte Leistungszentren oder taktische Kooperationen zwischen den einzelnen Leistungserbringern im Gesundheitssektor

staatlich gefördert. (1), (8), (9), (11)
- Die politischen Weichensteller erwarten sich hiervon sowohl eine Qualitätsverbesserung als auch eine Effizienzsteigerung im Gesundheitssektor. (3), (4)

Beitrag

Die Integrierte Versorgung bezeichnet eine seit Jahresbeginn neue Form der medizinischen Versorgung bei der eine Kooperation der verschiedenen Leistungserbringer im Mittelpunkt steht. Künftig können sich Krankenhäuser und Ärzte vertraglich zusammenschließen und so sektorübergreifend Patienten effizienter versorgen. Daneben sind auch Gründungen so genannter Versorgungszentren zu erwarten: Hierbei wird die Versorgung von angestellten Ärzten übernommen. Außerdem können Krankenhäuser ihr ambulantes Angebot erweitern. (2), (14), (16)

Im Folgenden werden die bisherige Zusammensetzung des deutschen Gesundheitssystems skizziert sowie die veränderten Regelungen durch das neue Gesundheitsmodernisierungsgesetz aufgezeigt. Abschließend werden beispielhaft zwei Varianten strategischer Neuorganisation dargestellt.

Bisherige Regelungen des deutschen Gesundheitssystems

Unter dem Stichwort der ökonomischen Inkongruenz lassen sich die wichtigsten strukturellen Defizite der gesetzlichen Krankenversicherung offen legen. Aus betriebswirtschaftlicher Sicht agieren neben den Leistungserbringern (Ärzte, Therapeuten, Kliniken) Patienten als Leistungskonsumenten und Krankenversicherungen als Leistungsfinanzierer miteinander. Problematisch ist hierbei, dass die Wechselbeziehungen zwischen den einzelnen Agitatoren strukturelle Defizite aufzeigen: Zum einen kann der Versicherte frei zwischen den Leistungserbringern wählen und hat dabei gar keine oder nur eine geringe Kostenbeteiligung an dem eigenen hohen Versorgungsanspruch. Zum anderen bezahlen Krankenkassen die Leistungen ohne großen Einfluss auf Kontrahierungsmöglichkeiten mit qualitätsorientierten Leistungserbringern. Daraus resultieren hohe Kosten, Qualitätseinbußen wie auch Effizienzdefizite. Dies zeigt, dass eindeutig Bedarf an neuen Anreiz- und Versorgungsansätzen vorhanden ist. (5)

Veränderte Regelungen durch die Neuauflage des Gesundheitsmodernisierungsgeset

Die durch die Gesetzesänderung veränderte Regelung bezüglich der Integrierten Versorgung soll helfen, die Defizite in den einzelnen Gesundheitssektoren zu minimieren und bestehende ökonomische Inkongruenzen aufzuheben. Dies soll für alle Leistungserbringer des Gesundheitssektors einen Mehrwert generieren. Mit der Integrierten Versorgung werden bisher getrennt betrachtete Behandlungspfade im Gesundheitssektor aufgelöst. Das heißt, es wird eine abgestimmte Versorgung zwischen den Bereichen ambulanter und stationärer Behandlung, innerhalb von Ärztenetzen zwischen Haus- und Fachärzten oder Krankenhäusern, zwischen medizinischer und pflegerischer Betreuung sowie zwischen der medikamentösen Therapie der einzelnen Leistungserbringer ermöglicht. Wer mit wem Verträge schließen darf ist im Paragrafen 140b Absatz 1 SGB V relativ offen geregelt. Dabei gibt es verschiedene strategische Gestaltungsmöglichkeiten, wie die Verknüpfung der verschiedenen Bereiche aussehen kann. (6), (7)

Möglichkeiten der strategischen Neuausrichtung

1. Das Hausarztmodell
Beim Hausarztmodell verpflichten sich daran teilnehmende Patienten dazu, generell nur ihren Hausarzt aufzusuchen, welcher anschließend eine eventuell notwendige Überweisung zum Facharzt tätigt. Für niedergelassene Ärzte stellt somit die Verknüpfung zwischen hausarztzentrierter Versorgung und Integrierter Versorgung eine neue Möglichkeit der eigenen strategischen Positionierung dar. Dabei sind Zusammenschlüsse nicht nur mit Krankenversicherungen möglich, sondern auch mit Berufsverbänden oder einzelnen Praxen beispielsweise in Praxisnetzen. (8), (12), (16)

2. Die ambulante Versorgung
Neben ambulanten Operationen ist es Krankenhäusern nun erlaubt, Patienten ambulant zu versorgen. Dafür können Krankenhausbetreiber beispielsweise strategisch ausgewählte Facharztpraxen aufkaufen und damit integrierte Leistungszentren aufbauen. Dies ist vor allem deswegen ein wichtiger Schachzug, da Behandlungen zunehmend ohne stationären Aufenthalt erfolgen.

Bei der Restrukturierung von Kliniken ist zudem darauf zu achten, welche Bereiche - wie beispielsweise die Anschlussheilbehandlung - profitabel sind. Auch Kooperationen zwischen Kliniken, beispielsweise durch eine gemeinsame Krankenpflegeschule in Form einer Bildungs-GmbH, können angedacht werden. [(9)](), [(11)](), [(15)]()

Fallbeispiele

Das 1999 in Deutschland gestartete knappschaftliche Versorgungsmodell Prosper hat bereits erste Wirkungen aufgezeigt: Durch mehr Freiraum für die teilnehmenden Ärzte und eine gemeinsame qualitative wie auch finanzielle Strategie hat der Verbund ein innovatives und erfolgreiches Konzept geschaffen. Die Integrierte Versorgung erfolgt in einer Art Gesundheitsnetz, das heißt einem Verbund aus Netzärzten. Die hierbei wichtigsten Konzeptpunkte sind ein Zusammenschluss von Netzärzten um ein Knappschaftskrankenhaus, die freiwillige Teilnahme der Ärzte wie auch der Versicherten, Netzwerkkoordinatoren, die die Organisation und Umsetzung bewachen, sowie ein Patientenbuch und eine elektronische Patientenakte (EPA). Letzteres soll sowohl die Kommunikation als auch die Transparenz innerhalb des Netzes sichern. Zusätzlich finden Netzwerkkonferenzen als Vollversammlungen des Prosper-Verbundes statt. Daran nimmt, neben dem Netzvorstand als Koordinator, auch die Krankenkasse als Gewährleister für eine professionelle Organisation des Prozessmanagements im Netz teil. Neben Kontakten und dem Austausch von Ideen wird hierdurch auch eine regelmäßige Erfolgsmessung sichergestellt. (5)

Ein Vertrag über ein innovatives Versorgungsmodell ist zwischen der Barmer, dem Herz-Zentrum Bad Krozingen und der Theresienklinik Bad Krozingen geschlossen worden. Durch die Kooperation zwischen den einzelnen Leistungsträgern wird nicht nur die Arbeitseffizienz oder die Transparenz der Patienteninformationsdaten erhöht, sondern auch die Arzneimittelversorgung optimal abgestimmt, da auch der vertragsärztliche Sektor miteingebunden wird. (13)

Mit der Gründung der KV Consult ist eine entscheidende Weiterentwicklung des Leistungsangebots der KV gelungen. Die KV Nordrhein Consult fördert beispielsweise integrierte Versorgungsformen. Dabei unterstützt sie ihre Mitglieder bei Vertragsabschlüssen und übernimmt beratende Funktionen hinsichtlich inhaltlicher, betriebswirtschaftlicher oder strategischer Fragen. (10)

Weiterführende Literatur

(1) Krankenhäuser sind für Wettbewerb gut gerüstet
aus Die Welt, Jg. 59, 06.05.2004, Nr. 105, S. 35

(2) Die Zukunft von Hamburgs Kliniken
aus Hamburger Abendblatt, Jg. 57, 06.05.2004, Nr. 105, S. 27

(3) Gesellensetter, Catrin, Gesundheitspolitik, Ein Arzt für alle Fälle, FOCUS-MONEY, 29.04.2004, S. 68
aus Hamburger Abendblatt, Jg. 57, 06.05.2004, Nr. 105, S. 27

(4) Gesundheitsreform Gesundheit à la carte
aus Government Computing, Heft 02/2004, S. 11

(5) Integrierte Versorgungsmodelle - brauchen wir diese überhaupt noch?
aus Versicherungsmedizin, 1.6.2004, 56.Jg., Nr. 02, S. 80

(6) Naturheilkunde in der Rehabilitation - eine sinnvolle Option im deutschen Gesundheitswesen
aus Versicherungsmedizin, 1.6.2004, 56.Jg., Nr. 02, S. 76

(7) Integrierte Versorgung - Wer darf was mit wem!
aus Arzt & Wirtschaft, Heft 1/2004, S. 57-58

(8) Hausarztmodelle - Suche nach dem qualifizierten

Hausarzt
aus Arzt & Wirtschaft, Heft 3/2004, S. 81-82

(9) Private Hände versprechen Heilung
KRANKENHÄUSER / Vielen öffentlichen Kliniken geht es schlecht. Reformgesetze wie die Umstellung des Abrechnungssystems verschärfen den Existenzkampf. Finanzstarke private Betreiber jedoch profitieren vom Wandel.
aus Börse Online vom 24.06.2004, Seite 30

(10) KV-Consult
aus Arzt & Wirtschaft, Heft 5/2004, S. 66

(11) O.V., Kliniken werden künftig kooperieren, Kölner Stadtanzeiger, 14.04.2004
aus Arzt & Wirtschaft, Heft 5/2004, S. 66

(12) Wer die Wahl hat, lebt gesund
aus Frankfurter Allgemeine Sonntagszeitung, 25.04.2004, Nr. 17, S. 49

(13) O.V., Versorgung aus einer Hand Vertrag zur integrierten Betreuung zwischen Barmer, Herz-Zentrum und Theresienklinik, Badische Zeitung, 04.05.2004, S. 1
aus Frankfurter Allgemeine Sonntagszeitung, 25.04.2004, Nr. 17, S. 49

(14) Abschied von der Einzelpraxis Ärztelobby malt Horrorszenario / Reform fördert Kooperationen
aus Frankfurter Rundschau v. 05.05.2004, S.5,

Ausgabe: S Stadt

(15) Die meisten Krankenhäuser profitieren von Privatisierung - Auftraggeber der Untersuchung war Gewerkschaft Gutachten sehen LBK-Verkauf positiv
aus Die Welt, Jg. 59, 11.05.2004, Nr. 109, S. 34

(16) Gesundheit made in Germany Die Gesundheitsreform hat Bewegung in die Branche gebracht. Sie birgt die Chance auf mehr Qualität und Effizienz
aus Financial Times Deutschland vom 02.06.2004, Seite BE3

Impressum

Möglichkeiten der strategischen Neuausrichtung durch Integrierte Versorgung

Bibliografische Information der deutschen Nationalbibliothek

Die Deutsche Nationalbibliothek verzeichnet diese Publikation in der deutschen Nationalbibliografie; detaillierte bibliografische Daten sind im Internet über http://dnb.d-nb.de abrufbar.

ISBN: 978-3-7379-1194-8

© 2015 GBI-Genios Deutsche Wirtschaftsdatenbank GmbH, Freischützstraße 96, 81927 München, www.genios.de

Alle Rechte vorbehalten. Dieses Werk ist einschließlich aller seiner Teile – z.B. Texte, Tabellen und Grafiken - urheberrechtlich geschützt. Jede Verwertung außerhalb der Grenzen des Urheberrechtsgesetzes bedarf der vorherigen Zustimmung des Verlags. Dies gilt insbesondere auch für auszugsweise Nachdrucke, fotomechanische

Vervielfältigungen (Fotokopie/Mikroskopie), Übersetzungen, Auswertungen durch Datenbanken oder ähnliche Einrichtungen und die Einspeicherung und Verarbeitung in elektronischen Systemen.